Jakob Michael Reinhold Lenz

Die Freunde machen den Philosophen

Jakob Michael Reinhold Lenz

Die Freunde machen den Philosophen

ISBN/EAN: 9783743371989

Hergestellt in Europa, USA, Kanada, Australien, Japan

Cover: Foto ©ninafisch / pixelio.de

Manufactured and distributed by brebook publishing software (www.brebook.com)

Jakob Michael Reinhold Lenz

Die Freunde machen den Philosophen

Die Freunde machen den Philosophen.

Eine Komödie.

Lemgo,
im Verlage der Meyerschen Buchhandlung,
1776.

Perſonen.

Strephon, ein junger Deutſcher, reiſend aus philoſophiſchen Abſichten.

Ariſt, ſein Vetter, Hamburgiſcher Agent zu Algier, auf dem Heimwege begriffen.

Dorantino,
Strombolo, } Spanier, Strephons Freunde.
Mezzotinto,

Doria, auch ein junger Deutſcher auf Reiſen, und Strephons Freund.

Don Alvarez, ein Grand d'Eſpagne, urſprünglich aus Granada, der nicht leſen und ſchreiben kann.

Donna Seraphina, ſeine Schweſter.

Don Prado, in Seraphinen verliebt.

Einige franzöſiſche Damen und Marquis, als ſtumme Perſonen.

Einige Komödianten.

Bediente, und andere Statiſten.

Der Schauplatz iſt in Cadiz.

Erster Akt.

Erste Scene, in Cadiz.

Strephon. Arist.

Strephon. Ich bin allen alles geworden – und bin am Ende nichts. Sie haben mich abgeritten wie ein Courierpferd: ich bringe den Meinigen ein Skelet nach Hause, dem nicht einmal die Kraft übrig gelassen ist, sich über seine erstandenen Mühseligkeiten zu beklagen.

Arist.

Arist. Das Herz möchte mir brechen. Wie ich euch zu Hause 'kannt habe! Wo ist eure Munterkeit, Witz, Galle, alle das nun? All' unsre fröhlichen Zirkel erstarben, als ihr uns verließet: ihr werdt sie nicht wieder beleben.

Strephon. Ins Kloster, oder in eine Wüstney, das sind so meine Gedanken. Jeder Mensch, den ich ansehe, jagt mir einen Schrecken ein, ich denke, er verlangt wieder etwas von mir, und ich habe nichts mehr ihm zu geben.

Arist (ihn steif ansehend). Das der Ausschlag eurer philosophischen Träume? — eurer Erforschung der Menschen? eurer Entwürfe zu ihrer Verbesserung? —

Strephon. Ich will auch nicht gut mehr seyn, wenn ich noch so viel Kraft übrig habe, böse zu scheinen. Aber meine Fasern sind durch die lange Uebung so biegsam geworden, meine Geister so willfahrend, daß ich vor dem Gedanken, jemand etwas abzuschlagen, wie vor einem Verbrechen zusammenfahre. Es geht mir wie angefressenen Früchten, die immer noch ihre Röthe behalten, ich kann

die

die Gestalt der Liebe nicht ablegen, obschon das Herz mir zerfressen und bitter ist.

Arist. Was haben sie euch denn zu Leibe gethan?

Strephon. Sie haben mir nichts gethan, weder liebes noch leides, aber sie verlangten, daß ich ihnen thun sollte. Wirkung ohne Gegenwirkung erstirbt endlich, all meine Liebe war wie ein Mayregen, der auf einen kalten Felsen gießt und dem nicht ein einziges belohnendes Veilchen nachkeimt.

Arist. Bedenkt, daß es der Gottheit selbst nicht besser geht.

Strephon. Aber ich bin kein Gott. Uns verlangte keinen Dank als Liebe und Vergnügen um mich her. Darum suchte ich in ihrem Augenstern auf, was sie etwa wünschen, was sie sich etwa von mir versprechen könnten, und die mehrestenmale überraschte ich sie, eh sie ausgewünscht hatten. Alles umsonst, ihre Wünsche sind Fässer der Danaiden — die nie voll werden.

Arist.

Arist. Kommt nach Hause, wir wollen euch banken.

Strephon. Meine Kräfte sind verbraucht, das Oehl ist verzehrt, was wollt ihr mit der stinkenden verlöschenden Lampe? Alle meine Kenntnisse, alle meine Vorzüge sind in fremden Händen, es ist nichts mein geblieben, als der Gram über ihren Verlust. Ihr seht hier einen von den Menschen aus dem Evangelio vor euch, denen auch das genommen ist, was sie hatten.

Arist. Ihr erschrecket mich. Ihr seyd in der Wahl eurer Freunde zu unvorsichtig gewesen. Euer Herz hat euch verführt.

Strephon. Es ist all eins. Ich habe brave Leute gekannt, sobald sie meine Freunde waren, mußt' ich vor ihnen auf der Hut seyn. Ich übergab mich ihnen mit aller Offenheit eines gerührten Herzens, sobald ich eine schöne Seite an ihnen wahrnahm; und dafür mißhandelten sie mich. Ihr Hochmuth blähte sich so weit über mich hinaus, daß sie mich als einen weggeworfenen Lumpen im Koth liegen sahen, blind dafür, daß ich mich ihnen weggeworfen.

Sie vernachläſſigten mich dafür, daß ich ihnen zuvorkam, ich ſtellte ſie auf ihre Füße, daß ſie ſtehen konnten, und ſie traten mich mit Füßen.

Zweyte Scene.

Man pocht ſtark an. Dorantino tritt herein, den Hut in die Stirn gedrückt.

Strephon (leiſe zu Ariſt). Da iſt einer zum Anbiß.

Dorantino (bleibt mitten in der Stube ſtehen, und winkt Strephon, ohne zu grüßen). Bßt! — Strephon! (gebieteriſch) Strephon!

Strephon (geht ihm entgegen, etwas leiſe) Haſt du mir was zu ſagen? Du kannſt es laut thun, der Herr iſt kein Fremder.

Dorantino (komplimentirt Ariſten übertrieben höflich). Vermuthlich ein Landsmann von Herrn Strephon?

Ariſt.

Arist. Das bin ich, komm aber itzt von Algier, und habe einen Umweg genommen, als ich hörte, daß er hier sey.

Dorantino. Reisen also itzt nach Hamburg?

Arist. Ja, und wünschte ihn mitzunehmen, wenns möglich wäre.

Dorantino. Das sollte mir herzlich lieb seyn — so ungern ich ihn hier verlöre.

Strephon. Was hattst du mir zu sagen, Dorantino? Du brauchst dich nicht zu gewahrsamen, mein Vetter weiß um all meine Geheimnisse.

Dorantino (kalt). Ich wollte nur — wegen Rosalinden — du weißt wohl — sie hat mir die Verse zurückgegeben (lächelt) sie verstünde sie nicht, sagte sie.

Strephon (etwas betreten). Ich will dir andere machen.

Dorantino. Darum hab ich dich bitten wollen. Du weißt wohl, ich kann mich mit solchen
Sachen

Sachen nicht abgeben, sonst schmiert' ich in der Geschwindigkeit selbst was — denn, wie gesagt, es braucht gar keine Gelehrsamkeit oder allzuviel Witz drin zu seyn, wenn du ihr nur auf eine ziemlich handgreifliche Art ein Paar Schmeicheleyen — doch du wirst schon selber wissen, wie du das einzurichten hast (Strephon, der mittlerweil' ans Fenster getreten ist, nachgehend) Hör' noch was, die Clella, was meynst du, hat sich gestern bey meinem Vater beschwert — daß ichs nicht vergesse, diese Nacht gehen wir doch, und bringen ihr eine Katzenmusik?

Strephon (aus dem Fenster sehend). Es ist naß und kalt, und der Spaß lohnt der Mühe nicht.

Dorantino. Ja, wenn du nicht mitgehst, geh ich auch nicht hin. Es ist alles darauf eingerichtet, Bruder! die Musikanten sind bestellt, wir wollen ein wenig lachen, es soll dir nichts kosten, wenn's hoch kommt, gehen wir hernach zu Longchamps herauf, und leeren etwa eine Bohle Punsch mit einander. Ja so, wie steths mit deinen Finanzen, hast du Nachrichten von deinem Vater?

Strephon. Es wird Regen geben auf die Nacht.

Dorantino. Ja du bist zu gut, liebes Kind. (zu Arist) Sagen Sie selbst, mein Herr, in sieben Jahren ihm kein Geld zu schicken, bloß weil er seine Talente nicht zu Hause im Schweißtuch hat vergraben wollen. Sie müssen ihm das vorstellen — Hör, komm' morgen doch zum Strombolo, er ist recht böse auf dich, morgen um neune, genau, ich habe dir was wichtiges zu sagen, aber um neune, verstehst du mich? (heimlich) Und da bringst du mir auch die Schrift mit an den Corregidor — du weißt wohl — ich muß itzt aufs Rathhaus, ein Pinsel hat mich verklagt, daß ich ihm eine Schuld zweymal abgefodert, du weißt die Historie mit Bromio, mit dem Bolognoserhündchen. Also morgen beym Strombolo. (geht ab.)

Strephon. Solltest du nicht aus dieses Menschen Benehmen schließen, er sey einer meiner ersten Wohlthäter in Cadiz? Und alle seine Liebesdienste erstrecken sich auf zehn Realen, die er mir einmal im Nothfalle vorschoß, und ich ihm zu acht Procent wieder bezahlte. Seit der Zeit sind wir in dem Klienten- und Patron-Tone verblieben, er hat Aufträge trage ohne Ende an mich, beleidigt meinen Geschmack und Gefühlszärtlichkeit so unaufhörlich, daß ich kein ander Mittel vor mir sehe, mich seiner einmal zu entledigen, als daß ich Händel mit ihm anfange.

Arist. Wer ist denn der Srombolo? und warum ist der böse auf dich?

Strephon. Auch einer von meinen Folterern. Ich gieng sonst täglich nach dem Essen zu ihm, und half ihm durch meine Gespräche verdauen. Er ist ein Mann, der die Welt kennt, und von dem ich immer lernen konnte, mittlerweil' ich ihm die Zeit vertrieb. Das hat nun seit einigen Tagen nicht geschehen können, weil mich meine Gläubiger ins Gefängniß stecken wollten, und ich, dem äußersten Elend zuvorzukommen, meinem einzigen Patron allhier, dem Don Alvarez, für funfzehn Realen dreyßig geheime Briefe abschrieb.

Arist. Das ist der Granabische Edelmann, der nicht lesen, noch schreiben kann.

Stre

Strephon. Der beste unter allen meinen Freunden, der einzige, der es einsieht, daß ich ihm nützlich bin, und mich dafür belohnt. Mit der Hälfte dieser funfzehn Realen bewirthete ich meinen vornehmsten Gläubiger, und machte ihm durch tausend Maschinereyen meines Witzes begreiflich, daß es wohl sein Vortheil seyn könnte, wenn er mir seine zwanzig Realen noch auf einen Monath stehen ließe.

Arist. Und warum kehrst du nicht nach Hause zurück, Unglücklicher? — Ists deinem Vater zu verdenken, daß er dich im Elende untersinken läßt, wenn dein Eigensinn — (da Strephon auf einen Stuhl niedersinkt, hält er inne)

Strephon. Mehr — mehr Vetter — ich verdiene mehr —

Arist. Was hält dich — deine Freunde? die dich verderben lassen? denen du du das Herz nicht einmal hast, dich zu entdecken?

Strephon. Freylich — mein Stolz — meine Freyheit — (springt auf) Gott da kommt Strombolo.

Dritte

Dritte Scene.

Strombolo. Die Vorigen.

Strombolo. Ich muß wohl zu Ihnen kommen, wenn Sie nicht zu mir kommen. (ganz böse sich stellend) Was zum Kuckuck stellen Sie denn an? Man sieht Sie ja den ganzen langen lieben Tag nicht.

Strepbon (ganz schüchtern). Herr Strombolo! ein naher Blutsfreund, der von Ceuta angekommen ist. (auf Aristen deutend).

Strombolo (Aristen gleichgültig ansehend). Den Herren hätten Sie ja zu mir bringen können. Wissen Sie was, es ist ein so schöner Tag heut, wir wollen einen Spaziergang um die Wälle der Stadt machen.

Strepbon. Ich weiß nicht, ob mein Vetter — er reist heut Abend noch fort.

Strombolo. Desto besser, so nimmt er eine Idee von unserer Stadt mit.

Arist.

Arist. Mein Herr, ich reise in sein Vaterland, und möchte ihn selbst gern mitnehmen, wenn es möglich wäre. Er ist aber hier so verschuldet, daß, da mir selbst das Reisegeld schmal zugeschnitten, — Sie sind einer seiner besten Freunde, wie ich höre. —

Strombolo. Es würde mir leyd thun, ihn hier zu verlieren. Ich weiß auch nicht, warum er so nach Hause eilen sollte, wenn er etwa nicht selbst einen Beruf dazu spührt. Sollte ihm unsere Stadt so übel gefallen? Einem Philosophen, wie ihm, muß jeder Ort gleich seyn —

Arist. Davon ist hier die Frage nicht. Nur die Mittel sich zu erhalten.

Strombolo. Es fehlt Ihnen ja hier an Freunden nicht, Herr Strephon. Es kostet Ihnen nur ein Wort an Don Alvarez, so macht er Ihnen eine Bedienung aus —

Arist. Wenn aber seine Empfindlichkeit, seine Unabhängigkeit, die Muße selber, die er zu seinem Studieren braucht —

Strom-

Strombolo. Ja man muß bisweilen in die saure Schaale beißen, um auf den Kern zu kommen. Wissen Sie was, es ist gar zu schönes Wetter, Sie gehen so weit mit mir, als Sie kommen können.

Arist. Ich wenigstens muß packen.

Strombolo. Nun so wünsch' ich Ihnen denn recht viel Vergnügen (ab).

Strephon. Du siehst, wohinter er sich verschanzt. Sobald ich ihm nur von weitem her etwas von meiner Noth merken lasse, schlägt er mich mit einer Sentenz zu Boden, die er von mir selbst gehört hat. Er ist nur zuwohl von meinen Verbindungen mit Alvarez unterrichtet, und wie hart es den ankommt, etwas übriges zu thun. Uebrigens weiß er, daß er gar keinen Einfluß in die öffentlichen Geschäfte allhier hat, und daß, sobald ich ihm die geringste Verbindlichkeit hätte, die Gleichheit, die unsere ganze Freundschaft unterhält, wegfallen und ich in einem Nu ihm unter den Füßen seyn würde —

Arist. Vetter — Vetter, kommt weg von hier —— und solltet ihr heimlich davon gehen.
Wenn

Wenn wir in Hamburg sind, will ich alles schon wieder gut machen. Ich laß euch nun nicht mehr, ich schwöre es zu —

Strephon. (ihn schnell an die Hand fassend). Halt inne — Vetter, muß denn nicht jeder bittere Erfahrungen in der Welt machen, um die Welt kennen zu lernen? Alle diese Leute — sind dennoch meine Freunde.

Arist. Eure Freunde? — ihr bringt mich außer mich — die über euer artiges Benehmen lächeln, wenn ihr auf der Folter liegt. Ich sah da eine große Rolle Papier aus seiner Tasche gucken, es war gewiß wieder ein nichtswürdiges Geschäfte für euch, er hatte nur nicht das Herz, es wie jener junge Gelbschnabel euch in meiner Gegenwart aufzutragen. Ist das freundschaftlich, einem Menschen, der von seinen Talenten leben, seine Zeit und folglich sein letztes Hülfsmittel stehlen? und das — wofür?

Strephon. Ach nehmen wir, was wir bekommen können, oder wählen uns die Bären zu Gesellschaftern? Ich bin ein Fremder, ich habe keinen Umgang, keine andere Mittel, dieses Land und seine

Sit-

Sitten kennen zu lernen, und jeder dieser Leute vermehrt meine innere Consistenz durch das, was er mir entzieht. Ich suche denn nach in mir, ob ich nicht noch etwas habe, das sie mir nicht entziehen können, und das giebt mir einen gewissen Stolz, der mich über sie hinaussetzt, und mein Herz wieder ruhig macht.

Arist. Wo will das aber hinaus, Mensch? — da läuft jemand die Treppe herauf, vielleicht bringt er dir irgend eine angenehme Nachricht.

Strephon (der aus dem Fenster gesehen). Es ist dieselbige Seele unter einer andern Haut. Da sollst du sehen, wie sinnreich die Natur in Hervorbringung der verschiedenen Wesen ist, die uns zu peinigen bestimmt sind.

Vierte Scene.

Doria tritt ungestüm herein, den Hut auf dem Kopf.

Strephon. Wie befinden Sie sich, Herr Doria?

Doria.

Doria. Wie Sie sehen, vir illustrissime & doctissime (tritt zu Strephons kleinem Bücherschrank, in dem er herum wühlt).

Arist (heimlich zu Strephon). Wer ist das?

Strephon. Laß nur — es ist der junge Deutsche, von dem ich dir vorhin erzählte.

Doria. Ich suche hier — ich suche hier — die Buchhändler werden Ihnen die ewige Seligkeit wünschen, sie lassen sich von ihnen bezahlen, und nehmen ihnen nichts ab.

Strephon. Was suchen Sie?

Doria. Ich sehe schon, Sie habens nicht, Sie haben da lauter alte Tröster — (über die Schulter herab) Was haben Sie denn neulich wieder herausgegeben, das so vielen Lärm in der gelehrten Welt macht?

Strephon. Sie sind zu gütig, Herr Doria! Ich wüßte nichts als den kleinen Bogen vom Wasserbau, den der hiesige Baudirector aus dem Französischen ins Spanische hat übersetzen lassen. Sie wissen aber, daß das schon seit zwey Jahren ist.

Doria.

Doria. Sie thun auch verflucht geheimnißvoll. Alle gelehrte Zeitungen in Spanien sind voll davon. Das ist wahr, es wird heut zu Tage in die Welt hineingeschmiert, daß einem angst und bange dabey wird. Junge Leute, die noch kaum angefangen haben, zu denken —

Arist. Haben Sie sein Buch gelesen, Herr?

Strephon. Still doch, Vetter, Sie verstehen Herrn Doria nicht —

Doria. Ich wünschte, daß allen unnützen Schmierern von Obrigkeits wegen die rechte Hand abgehauen würde.

Arist. Ich will den Kerl zum Fenster herauswerfen.

Strephon. Wollen Sie sich nicht setzen, Herr Doria?

Doria. Ich denke, Sie kennen mich zu gut, liebster Strephon! als daß ich nicht den lebhaftesten Antheil an Ihrem Ruhm nehmen sollte. Ich bin zum voraus überzeugt, daß in Ihren acht Blättern mehr Wahres seyn wird, als vielleicht jemals in allen Zeitungen Spaniens von der Arche Noah an ist gesagt worden! he he —

Strephon. Sagen Sie mir doch, Herr Doria, haben Sie mit Don Alvarez wegen der Sekretärstelle gesprochen? Sie können dreist zu ihm gehen, er kennt Sie aus meinem Munde.

Doria. O gehorsamer Diener, gehorsamster Diener, davon reden wir ein andermal. Also heut Abend, mein allerliebster Herr Strephon, ich spreche Sie doch heut Abend in Ihrer Pension. Ich will Sie nicht weiter aufhalten. Sie werden vermuthlich mit dem Herrn was zu reden haben (geht ab).

Arist. Was ein Ochse ist denn das da? Und den willst du bey Alvarez unterbringen? Thor! und bey deiner eigenen Rathlosigkeit!

Strephon. Alvarez braucht einen Sekretär, besonders da er itzt eine Reise nach Frankreich vor hat, der in seiner Abwesenheit seine Briefe von der West-indischen Compagnie, bey der er mit interessirt ist, empfängt und beantwortet.

Arist. Und du selber, du selber?

Strephon. Ich schicke mich nicht dazu, auch braucht er mich zu andern Sachen, ich bin sein Freund, kurzum, daß du es weißt, und da er freundschaftliche

und

und zärtliche Briefe zu beantworten hat, und doch nicht will merken laſſen, daß er das nicht könne — du verſtehſt mich, ich darf dir nichts weiter ſagen, um meine Empfindlichkeit für ihn nicht zu beleidigen.

Ariſt. Und warum grab dieſem den Biſſen vorwerfen, den du dir vor dem Munde abſchneideſt? dieſem Grobian, dieſem —

Strephon. Siehſt du denn nicht, daß er mir nicht ſo begegnen würde, wenn er nicht etwas von mir verlangte? Das Rauhe ſeiner Situation hat mich zuerſt ſympathetiſch für ihn gemacht, und das Rauhe in ſeinem Betragen noch mehr —

Ariſt. Wenn ers noch mit Manier thäte, ſo aber —

Strephon. Lieber Gott, er ſchmeichelt und trotzt, beydes zuſammen, es muß weit mit einem Menſchen gekommen ſeyn, wenn er dazu gezwungen iſt.

Ariſt. Und in deinen eigenen verzweiffelten Umſtänden — Wollen wir gehn und ein Billet auf die Landkutſche für euch ausnehmen, ich ſeh, ihr ſeyd nichts nutz hier, eure Freunde haben euch angefreſſen, ihr geht drauf, wenn's ſo fortwährt.

Strephon (ganz in Gedanken). Was ist dran gelegen?

Arist. Nicht diesen finstern tauben Blick der Muthlosigkeit! Kommt mit mir, eurem Vater, eurer Mutter in die Arme, die noch immer nach euch ausgestreckt sind.

Strephon (fällt ihm an die Brust). O Grausamer!

Arist. Kommt! euer vaterländischer Himmel wird euch neues Leben in die Gebeine strömen.

Strephon. Ich kann nicht.

Arist. Ihr sollt (faßt ihn an den Arm) Fort —

Strephon (setzt sich). Tödtet mich lieber. Ich kann keinen Nagelbreit fort von hier.

Arist. Was ist euch? Was soll ich aus euch machen? — Soll ich euch mit Gewalt zu eurem Glück zwingen? — (tritt vor ihn). Ich glaube, ihr seyd nicht recht bey euch — Strephon — ermuntere dich Reinhold Strephon!

Strephon. So drauf zu gehen, ihr glaubt nicht, welche Wollust darinn steckt.

Arist.

Arist. Wahnwitziger —

Strephon. Spahrt eure Ausrufungen. Mein Vorsatz ist unerschütterlich —

Arist (geht ganz erhitzt und legt sich ins Fenster. Nach einer Pause). Da kommt wieder jemand: ich glaub', es ist ein Gläubiger.

Strephon (springt auf). Ein Gläubiger — wie sieht er aus?

Arist. Es war eins der verwischten Gesichter, das den Stempel der Natur verloren hat. Man sollte ihn für einen Perukenstock halten, dem man Hut und Degen angethan.

Fünfte Scene.

Mezzotinto tritt herein.

Mezzotinto. Ey, Ihr Diener, Ihr Diener, lieber Herr Strephon. (schüttelt ihm die Hand) Wie gehts denn, was leben Sie, man sieht Sie ja gar nicht? Sie sind immer der Mann von Geschäften.

Strephon. Ach Gott, ich habe gar keine.

Mezzotinto. Ja, gehn Sie nur, gehn Sie nur, man weiß doch, was man weiß. Ich komme eben vom Hafen, es kam ein Schiff an für einen meiner guten Freunde, dem Don Alvarez und seine Schwester zusahen. Er sagte mir, er gienge ins Bad, wir haben auch von Ihnen gesprochen, und Sie rechtschaffen ausgemacht. Donna Seraphina gleichfalls (vertraulich winkend).

Strephon (über und über roth). Und wie kam das Gespräch auf mich, daß ich fragen darf?

Mezzotinto. Wie es zu kommen pflegt. Sie wissen, wie die Donna ist, sie lag dem Bruder immer in den Ohren, Sie mitzunehmen. Er schien sich nur zum Schein zu wehren, aber Strephon sagte, er muß mit mir, er mag wollen oder nicht. Und in der That Herr, Sie wären ein Thor, eine Gelegenheit, wie die, vorbeygehen zu lassen.

Arist. Ich hoffe, mein Vetter wird ein solcher Thor seyn, und, um das Maaß voll zu machen, mit mir in sein Vaterland zurückkehren.

Mezzotinto. Also ein Landsmann von Herrn Strephon? Ey was, er geht nun nicht mehr heim.

Die

Die Ideen sind einmal alle ausgelöscht, ich weiß, wie das ist — Aber Strephon! wissen Sie auch, was man in der Stadt sagt? Seraphina soll meinem Patron den Ring zurückgeschickt haben, Sie wissen doch, daß sie so gut als verlobt waren, und will mit ihrem Bruder nach Frankreich gehen, weil sie keine Lust zum Heyrathen hat. Prado ist untröstlich darüber, und möchte seinen Nebenbuler kennen.

Strephon. Was für Mährchen plaudern Sie mir denn da?

Mezzotinto (ihm die Hand schüttelnd). Ja ja, mein lieber Herr Strephon, ich weiß mehr Neuigkeiten, als Sie wünschen, nicht wahr? Sie wissen, Prado hat nach Seraphinen schon acht Jahr gefreyt, als sie noch im Flügelkleide gieng, er hat sie aufknospen sehen, er hat sie gewartet, he, und eine solche Blume läßt man sich nicht gern unter den Fingern wegbrechen. Sie können denken, wie er zu Kehr geht.

Strephon (ganz verwirrt). Was geht mich denn alles das an? ich bitte Sie.

Mezzotinto. Ich sage nur, Sie sollen die Gelegenheit nicht vorbeylassen, mitzugehen. Ich habe mit Alvarez drüber gesprochen, er schien etwas empfindpfindlich über Ihre Wiederspenstigkeit. Ich sagte, es wäre einmal Ihr Karakter, und denn könnten Sie noch andere kleine Ursachen haben, o die Bären sollen ihn nicht beißen, die er etwa hier angebunden hat, antwortete er mir.

Ein Bedienter tritt herein. Strephon winkt ihm, und geht heraus mit ihm.

Mezzotinto (zu Arist). Ja, mein werther Herr, so gehts Ihrem armen Vetter hier. Wenn er nicht noch Freunde hätte, die sich für ihn beflissen, so wäre es längst gethan um ihn gewesen. Denn allgemein genommen ist der Karakter der Nation hier der allerunerträglichste am ganzen Mittelländischen Meer. Hier ist der Hefen von Spanien.

Arist. Ich glaube es wol. Darum sollte er mit mir.

Mezzotinto. Ja, das geht nun einmal nicht. Wenn man über die Jahre hinaus ist, es geht einem damit, wie mit dem Heyrathen. Man schiebt es von einer Zeit zur andern auf, bis einem die Lust vergeht. Auch wäre es Schade um ihn, er würde sein Glück verscherzen. Er steht ungefähr mit Don Alvarez auf demselben Fuß, als ich mit Prado stehe. Ich kann mich rühmen, daß ich sein vertrautester Freund bin, den er wol in seinem Leben gehabt, ich war auch der erste, der ihn in dem Hause bekannt machte, Alvarez hat ihn sogleich wegen seiner Gelehrsamkeit und Talente geschätzt, und ihn zum Vertrauten aller seiner Geheimnisse gemacht. Unter uns, er schreibt ihm, glaub ich, Liebesbriefe, weil ich weiß, daß der Alvarez ein schlechter Franzos ist, und dennoch mit einer gewissen Marquisinn Chateauneuf, die jetzt seit zwey Jahren in Marseille wohnt, ein geheimes Verständniß unterhalten soll. Er hat mir alles anvertraut, aber — (die Finger auf den Mund legend) ich weiß wol, daß ein plauderhafter Freund oft eben so gefährlich ist als ein verschwiegener Feind (winkt). Die Donna Seraphina ist ihm auch sehr gewogen.

Arist. Wem?

Mezzotinto. Ihrem Vetter — je von wem reden wir denn?

Strephon tritt wieder herein, etwas verlegen.

Strephon. Sie haben mir doch Wind vorgemacht, Mezzotinto! Donna Seraphina denkt nicht an die Reise. Eben krieg ich ein Billet vom don Alvarez, wo er meinen letzten Entschluß verlangt.

Mez-

Mezzotinto. Wie? sie reist nicht mit? — So muß ich mich verhört haben.

Strephon. Oder sie hat Sie zum Besten gehabt. (wickelt das Papier auf) Ich reise mit einem Bedienten und einem Coffre morgen vor Tage. Ich hoffe, die Wintertage werden so anhalten, entschließen Sie sich kurz, ich lasse für Ihre Schulden eine Anweisung zurück. Um fünf Uhr auf den Schlag kommen Sie zu mir, so reden wir weiter. Meine Schwester geht so eben mit ihrer Kammerfrau nach Sevilla ab, wo eine meiner Tanten auf den Tod liegt.

Mezzotinto. Weisen Sie mir doch das Billet, es ist nicht möglich.

Strephon. Es ist möglich (das Billet einsteckend) weil es so ist.

Arist (bey Seite). Das gefällt mir nicht.

Strephon (zu Arist). Also lieber Vetter! was soll ich thun? —

Mezzotinto. Ey, Sie werden doch das nicht ausschlagen, oder Sie wären der größte Thor, der auf dem Erdboden —

Arist.

Arist. Ich rathe euch Vetter, kommt mit mir. Warum wollt ihr euch in den Sturm wagen, da ihr in den Hafen einlaufen könnt. Die Gelegenheit kommt nicht wieder, und euer Vater ist sehr aufgebracht —

Strephon (die Hand vor den Augen). Ach —

Arist. Was wird er sagen, wenn er weiß, daß ihr mit mir hättet mitkommen können, und nicht gewollt habt?

Strephon. Schonet meiner!

Arist. Ich darf eurer nicht schonen. Es sind acht Jahr, daß ihr ihn nicht gesehen habt, daß ihr so herumirrt und euren nichtswürdigen Grillen folgt —

Strephon (aufgebracht). Vetter, das stille Land der Todten ist mir so fürchterlich und öde nicht, als mein Vaterland. Sogar im Traum, wenn Wallungen des Bluts mir recht angsthafte Bilder vors Gesicht bringen wollen, so deucht michs, ich sehe mein Vaterland.

Arist. Schande genug für euch — rühmt euch nicht, mein Vetter zu seyn — Ihr? ein Philosoph? —

Stre-

Strephon (schlägt an die Brust). Was soll ich thun dabey? —

Mezzotinto (geht in der Stube herum trällernd). Grazie a l'inganni tuoi.

Strephon. Kann ich dafür, daß dem so ist? Daß dies allgewaltige, unerklärbare, unerklärbarste aller Gefühle mich zu Boden drückt?

Mezzotinto. Ja wenn Sie gehen wollen, so haben Sie Zeit. (die Uhr hervorziehend) es ist gleich —

Arist (auf einmal hastig und gerührt auf Strephon zugehend und ihn an die Hand fassend). Noch ist es Zeit — (die Stadtuhr schlägt fünfe).

Strephon. Wie zum Schaffot klingt mir das. — Meine Eltern — (Aristen heftig umarmend) Wirst du es gut machen?

Arist. Wie kann ich — (auch gerührt). Unglückseliger Starrkopf — Vielleicht sehen wir uns niemals wieder.

Strephon. Niemals? — Lebt wohl! Grüßt meine Eltern! (reißt sich von ihm los, und eilt halb ohnmächtig ab).

Arist (wischt sich die Augen, ohne ein Wort zu sprechen)

Mez-

Mezzotinto (zu Arist). Hab' ichs nicht gesagt, daß er mitreist, und ich weiß auch, wohin sie gehen, ich will Ihnen alles zum voraus sagen.

Arist. Ach mein Herr, laßen Sie mich — ich muß packen, und denn gleich auf die Post — Ich wünscht', ich wäre nie nach Cadiz kommen.

Mezzotinto. Gehorsamer Diener. Und ich will gehn, und meinem Prado von alle dem Nachricht geben. Ich weiß, er wundert sich nicht wenig darüber —

Sechste Scene.

Der Schauplatz verwandelt sich in eine Straße vor Alvarez Hause. Strephon tritt wankend auf.

Strephon. Mögen sie aus mir machen, was sie wollen, ich gehe mit Seraphinen. Gott, wie kann es mir so dunkel in der Seele seyn, der ich an der Schwelle des Himmels stehe! Seraphine (zieht das Billet aus der Tasche, wickelt es auf, küßt es und fällt auf die Knie). Sie will nicht heyrathen — sie will nach Frankreich — in das angenehme, freye, gefährliche — nein ich will so wenig von ihr weichen, als ihr Schatten, und sollt' es mir Tugend und Leben kosten (geht hinein).

Zwey=

Zweyter Akt.

Erste Scene.

Der Hafen von Marseille. Strephon, der Seraphinen aus dem Schiff hebt.

Strephon. Willkommen!

Seraphine. Willkommen. (reicht Strephon die Hand und läuft mit ihm das Ufer hinauf). Hier, Strephon, sind wir gleich.

Strephon (wirft sich auf die Erde, die er küßt). Glücklicher Boden, wo die Freyheit athmet. Hier Ihnen einen Tempel hinzusetzen, Seraphine —

Seraphine. Ich sähe lieber eine Schäferhütte und Schäfgen so herum.

Strephon (sich über ihre Hand bückend, die er mit seinen Lippen berührt). Göttliche Seele, die alles verachtet, womit die armselige Welt sie zu belohnen suchte!

Sera

Seraphine. So ein Gärtgen neben an, da wollt ich selber drin arbeiten.

Strephon (ihre Hand emporhebend). Mit dieser Hand? —

Seraphine. Wir beyde zusammen. Ich wünschte, ich könnte einmal recht arm werden, um mich selber kennen zu lernen.

Strephon. O wünschen Sie das nicht. Der fürchterlichste aller Wünsche, die Sie thun könnten. Wenn das Schicksal die vernachläſſigte, die seine vorzügliche Sorgfalt verdienen — so wär' es das grausamste, das ungerechteste, das wiederſinnigſte und unleidlichſte unter allen Spielen des Ohngefährs, die sich nur jemals ein menschlicher Verstand —

Seraphine (ihm ihr Käſtgen Juwelen unter dem Arm wegreiſſend). Ob Sie mich noch so reitzend finden werden (läuft damit nach dem Ufer zurück und wirft es ins Meer).

Strephon (ihr vergeblich nacheilend). Um alles — um Ihrer selbst willen — (zieht den Dolch) halten Sie inne —

Seraphine (kehrt lachend um). Nun? (in den Dolch faſſend).

C   Stre-

Strephon. Aus Muthwillen — und ich die Veranlassung —

Don Alvarez sehr feyerlich aus der Kajüte hervortretend, mit verschiedenen Bedienten.

Alvarez. Was giebts?

Seraphine. Nichts Bruder! eine Kleinigkeit, um die Strephon so viel Lärmen macht. Als er mir aus dem Schiff half, ließ ich mein Kästgen Juwelen ins Wasser fallen — und nun glaubt er, er sey schuld daran, und will sich umbringen deßwegen.

Alvarez. Bon. Wir müssen den Französischen Fischen wissen lassen, daß Spanier angekommen sind.

Strephon. Aber —

Alvarez. Ich hab' euch nicht mitgenommen, für mein Hauswesen zu sorgen. Schämt euch, daß Ihr euch umbringen wollt um solch einer Kleinigkeit. Wenn ihr Mohrenblut unter euren Ahnen hättet, so wollt ichs verzeyhen: aber zu sterben, geziemt nur einem Edelmann. Man muß auch in seinem Scherz Gränzen zu halten wissen. — Kommt, sagt mir einen witzigen Einfall, den ich der Marquisinn über unsre Ankunft sagen kann.

Seraphine. Wie sie erschrecken wird, Bruder, wenn sie uns sieht!

Alvarez. Da seh ich unsern Pietro schon mit einer Kutsche kommen. Laßt uns hineinsitzen (gehen ab).

Zweyte Scene.

Der Schauplatz verwandelt sich in einen Gasthof in Cadiz. Dorantino, Strombolo, Doria, Mezzotinto und andere Gäste an einer Table d'Hôte.

Strombolo (in der Zeitung lesend). Er ist dem Hofe nach Ilbefonse gefolgt, aber nur zwey Tage da geblieben.

Doria. Ein schlechter Kerl! Das ein Philosoph? Wenn zu einem Genie nichts mehr gehört, als Spitzbubenstreiche zu machen.

Strombolo (läßt das Blatt fallen). Mit Ihrer Erlaubniß, von wem reden Sie?

Doria. Von wem Sie auch reden —

Strombolo. Vom Minister?

Doria.

Doria. Vom Strephon, zum Teufel, vom Strephon, von wem anders? Ich dachte, Sie redten auch vom Strephon. Ein Spitzbube in optima forma. Er schickt mich zum Don Alvarez, der einen Gesellschafter sucht und mich hundertmal drüber angeredt hat, und als ich mich endlich entschließe, und eben hinkommen will, ihm meine Einwilligung zu geben —

Strombolo. Ich dachte, er brauchte einen Sekretär, haben Sie mir gesagt —

Doria. Nun ja, so hat er sich davon gemacht, ist mit Herrn Strephon zu Schiff gegangen.

Mezzotinto. Zu Schiff, sagen Sje? — Mit Ihrer Erlaubniß, Herr Doria, das muß ich besser wissen. Er ist nach Orensee ins Bad gereist mit seiner Schwester, von da werden sie —

Doria. Sie sind schlecht berichtet, Herr Mezzotinto. Ich muß es doch zum Teufel aus guter Hand haben, da ich mit dem Castellan selber gesprochen, der ihnen in ihrem Jagdschiff das Geleit gegeben.

Mezzotinto. Sie wollen nach Hofe gehn, um Strephon eine Stelle dort auszumachen?

Doria. Nach Frankreich sind Sie gegangen, mein Herr, nach Frankreich, und schweigen Sie still,

wenn

wenn Sie es nicht wiſſen, und reden nicht ſo in den Tag hinein. Nach Frankreich, das können Sie Ihrem Neuigkeitskrämer wieder erzehlen.

Mezzotinto. Muß man denn alles ſagen, was man weiß? Sehen Sie denn nicht, daß es nöthig war, die wahre Abſicht ihrer Reiſe zu maskiren? da Strephon — ich darf nichts weiter ſagen, aber Sie ſind doch alle einig mit mir, meine Herren, daß Strephon ein kluger Kopf iſt. Ein wenig zu geheimnißvoll war er ſonſt, aber gegen mich nicht. (lacht und trinkt).

Strombolo. (mit einem vielbedeutenden Kopfſchütteln, indem er Doria langſam auf die Schulter ſchlägt). Ja, mein lieber Herr Doria, Herr Strephon war ein Menſch, wie alle andern Menſchen auch ſind.

Doria. Er war ein Spitzbube, ein Menſch ohne Ehre, ohne Treu und Glauben.

Strombolo. Das möcht' ich nun eben nicht ſagen (lächelnd) Verſtand genug dazu hatte er —

Doria. Und auch den Willen. Das beweiſt die That.

C 3 Strom-

Strombolo. Er kann vielleicht in der Ueber:
eilung weggereist seyn, ohne vorher an sein Verspre:
chen zu denken, wiewohl das nun auch nicht artig ist —

Mezzotinto (schmatzend). Ja meine lieben
Herren, Sie können von alle dem gar kein Urtheil
fällen, sehen Sie einmal, weil Sie von den Um:
ständen nicht unterrichtet sind. Ich weiß es vielleicht
allein, warum Strephon nicht anders hat handeln
können, als er gehandelt hat. (kehrt sich zu Doran:
tino, indem er sich auf den Tisch lehnt, der ihm zur
Linken sitzt) Der Gemahl einer schönen und reichen
Donna zu werden, Herr! das ist keine Narren:
posse, — da kann man die Philosophie schon schei:
tern lassen —

Doria. Was sagen Sie, mein Herr? (Mezzo:
tinto sieht ihn an, ohne ihm zu antworten).

Strombolo (der gehorcht hat). Ja so —
nun begreif' ichs auch —

Dorantino (sehr freundschaftlich zu Mezzo:
tinto). Aber hört einmal, lieber Mann, das i
doch nicht schön vom Herrn Strephon, daß er m
nichts davon gesagt hat. Ich bin sein ander Ich g
wesen, er hat nichts vor mir geheim gehalten, id
bin der einzige gewesen, der ihn hier unterstützt hat

hätt

hätt' ich ihm nicht auf die Beine geholfen, er läge
itzt vielleicht am Zaun verreckt — (trinkt.) Ich
kann mir doch nicht einbilden, daß er so undankbar
gegen mich seyn würde, und mir ein Geheimniß aus
seinem Glück gemacht habe.

Mezzotinto. Wenn ein gewisser Herr seinen Trau-
ring von einer gewissen Person zurückgeschickt bekommt,
so muß das doch seinen zureichenden Grund haben
und den Grund weiß ich. (trinkt).

Strombolo. Das ist wahr, daß Herr Stre-
phon immer für sich selbst zuerst zu sorgen pflegte. Er
wußte sich aber doch bisweilen einen sehr großmüthi-
gen Anstrich zu geben.

Doria. Und war doch nichts als Judas dahin-
ter. Da haben Sie nun ein wahres Wort gesagt,
mein allerliebster Herr Strombolo.

Strombolo. Alle Leute von Verstand und
Genie handeln so. Und das muß auch seyn. Es
muß ein Unterscheid seyn.

Doria. Darum wollt' ich eben kein Mann von
Verstand und Genie seyn. — Ihr Herren, es hat
zwey geschlagen, wer kommt mit mir aufs Kaffehauß?

E 4 Dritte

Dritte Scene.

in Marseille. Strephon, allein im Saal auf und abgehend.

Strephon. Tod oder Liebe! Strephon! Strephon! wie lang haſt du gezaudert? Wie unerträglich iſt's alle Tage? Blick auf Blick geheftet, Auge in Auge gewurzelt, mit brennenden Lippen vor ihr da zu ſtehn und immer die Unmöglichkeit zu wiſſen, ihr Verlangen mein Verlangen — iſt denn kein Krieg da — es giebt keinen — überall Friede, ſchändlicher Friede — daß ich ein Teufel wäre, welchen anzuſpinnen — und wo ſoll ich hin von ihr — von ihr, die ſo jung, ſo reitzbar, ſo wankelhaft — ſie vielleicht zur Beute eines andern — eines Franzoſen, der durch nachgemachte Empfindungen, verſtellte Lebhaftigkeit ſie hintergeht — ich weiß nicht, was der la Fare immer um ſie hat, das gepuderte Todtengeripp — er ſchwatzt in einem Athem mehr, als ich in zehn Wochen, und ſie hört aufmerkſam zu, wenn er ſchwatzt — O ich ſehe wohl, Seraphine war das höchſte Gut, das ich mir wünſchen konnte, aber ich bin unterwegens am Angel hängen geblieben, und muß mich verbluten — Was ſoll ſie auch, wenn kein Mittel abzuſehen iſt, wie wir vereinigt — o verwünſchte Philoſophie, wie haſt du mich zurückgeſetzt? wo wär' ich?

auf

auf dem Gipfel des Glücks, der Ehre, trüge itzt vielleicht Seraphinen eine Hand an, auf die sie stolz seyn könnte — wenn du mich nicht mit deinen elenden Täuschungen in meiner beobachtenden Unthätigkeit — ha ein kühner Entschluß ist besser als tausend Beobachtungen — ich bin verfehlt — die Seufzer meiner Eltern haften auf mir — Seraphine, wenn ich nicht noch Hofnung — (zieht mit konvulsivischen Bewegungen den Dolch. Seraphine tritt herein, im Domino).

Vierte Scene.

Seraphine. Was giebts Strephon? Ich glaube, Sie überhören Ihre Rolle schon.

Strephon (steckt ein). Nein Donna, ich spiele nicht mit — ich habe zu lange zugesehen — ja doch ich spiele mit. Meine Rolle soll Ihnen Vergnügen machen. Ich mache den Sohn der Lenklos.

Seraphine. Ich bin so begierig auf das Stück, als auf die Aufführung. Die Marquisinn Chateauneuf gleichfalls, ich versichere Sie. Und der Marquis la Fare, Sie können sich nicht vorstellen, wie er sich auf Ihr Schauspiel freut.

Strephon (halb die Zähne knirschend). Er giebt Ihnen den Arm zum Ball heut.

Seraphine. Er wird gleich kommen und mich abholen. Bin ich Ihnen so recht geputzt, Strephon? (auf und niedergehend)

Strephon (halb abgewandt). Diese zuvorkommende Güte stopft mir den Mund. Und doch hab ich nicht weniger Ursache zu klagen.

Seraphine. Was murren Sie da für sich? — (auf ihn zugehend) Geschwind Strephon! Sie haben was — Sagen Sies, eh die Kutsche kommt —

Strephon (mit gebogenem Knie). Ach so viel Güte wohnt nicht in sterblichen Körpern — Ich fühle jetzt, Fräulein! das ganze Gewicht meiner unglückseligen Bestimmung. Leidenschaft genug in der Brust, das höchste zu wünschen, und doch zu wenig Muth und Kraft, was anders als Ihr Sklave zu seyn.

Seraphine (ein wenig nachdenkend und lächelnd). Ich errathe — Wessen Schuld ist es? liegt es nicht an Ihnen allein? —

Strephon (heftig). An mir — ja an mir — ich Elender!

Sera=

Seraphine. Sie waren nicht zum Fidalgo geboren — Sie könnten, wenn Sie wollten —

Strephon. Reden Sie aus, ich beschwöre Sie —

Seraphine. Sie sind in Frankreich, wo man Ihren Ursprung nicht weiß — mein Beutel, meines Bruders Beutel steht Ihnen zu Diensten — Ha der Wagen hält, ich will den Marquis nicht bemühen, heraufzusteigen. Leben Sie wohl Strephon — (läuft ab.)

Strephon (außer sich). Kein Krieg da — keine Gefahr da, der ich um Seraphinens willen trotzen könnte. Nicht einen, tausend Tode zu sterben, wäre mir Wollust, nicht den körperlichen Tod allein, Tod der Ehre, der Freundschaft, der Freude, des Genusses, alles dessen, was Menschen werth seyn kann. Wenn ein Abgrund offen stünde vor mir, ich stürzte mich hinab — Und la Fare, la Fare — la Fare, der den Freyer macht — der durch mich, durch seine verstellte Freundschaft für mich ihr Herz zu erobern sucht — was ich empfinde, was ich verschweige, ihr vorplaudert, und auf Kosten meiner innern Quaalen genießen will — o wie elend — elend bin ich.
Und

Und sie selbst, die Furcht, sie zu verlieren, verhindert mich, sie zu gewinnen, mich von Ihr zu entfernen, und in der schrecklichen Einöde des Hofes mein Glück zu versuchen — Ha, wenn ich mich ihres Herzens erst versichert habe — und das muß durch meine Ninon geschehen — so will ich die Gewalt sehen, die meine Bemühungen sie zu erhalten aufhalten soll.

Fünfte Scene.

Alvarez tritt herein, einen Brief in der Hand.

Alvarez. Da ein Brief, Strephon vom Don Prado — seht doch einmal, was dran ist und beantwortet ihn — wenn ihr vorher mit meiner Schwester geredt habt.

Strephon (nimmt den Brief zitternd). Vom Don Prado? — (bey Seite) Welch ein kalter Schauder überfällt mich! (etwas lebend im Ton der Stimme) Don Prado, wo mag er unsern Aufenthalt erfahren haben?

Alvarez. Weiß ich es? die Schwester, glaube ich, könnte nach Pohlen gehen, er würde sie doch immer mit Briefen dahin verfolgen. Ich wünschte,

der

der Mensch könnte sie vergessen, denn es thut mir doch leid um ihn.

Strephon (mit schwacher Stimme). Mir auch —.

Alvarez. Na, wie stehts mit unserm kleinen Theater? Seyd ihr bald fertig mit euren Schauspielern. Ihr könntet euer Stück auch immer nachher auf dem großen Theater spielen lassen, wenn die Marquisinn von Chateauneuf es billigt, denn sie ist eine Kennerin.

Strephon. Das bin ich versichert. Ich will den Brief nicht aufbrechen, bis alles vorbey ist. Er könnte mich sonst in meiner Aktion stöhren.

Alvarez. Gut, gut, wer treibt euch denn? Mir zu Gefallen könnt ihr ihn auch übers Jahr aufmachen. Nur daß unser kleines Specktakel was guts werde, denn die Marquisinn, hört einmal, hat einen sehr verwöhnten Geschmack. Ihr dürft ihr nichts mittelmäßiges bringen, ich rath' es euch. Es muß nicht zu — tragisch seyn, auch nicht zu — komisch, nicht zu heftig — auch nicht zu kalt, nicht zu hoch — auch nicht zu gemein — kurzum, ihr wißt schon, was ich sagen will.

Stre=

Strephon. Ich hoffe, daß Sie alle sollen befriedigt werden.

Alvarez. Na ich glaube, Ihr habt euch eben vorbereitet, ich will euch nicht stöhren. Lebt wohl und haltet euch gut. (geht ab.)

Strephon. Vom Don Prado (den Brief auf der Hand schlagend) Nimmer, nimmer will ich ihn erbrechen. — Don Prado, der alles das ist, was ich seyn könnte — zu seyn hoffe — nie seyn werde ——— — Und bin ich schuld daran? hab ich sie dir entzogen? hab ich den mindesten Schritt, die geringste Bewegung gemacht, sie zu dem Bruch zu vermögen? Hab ich ein Haar dir im Weg gelegt? — Don Prado, Don Prado, du erdrückest mich — du verdienst sie, du verdienst sie — aber ich kann sie dir nicht abtreten, nimmer, nimmer, so lange noch Muskelkraft in diesem Herzen ist. — Wenn Doria — Mezzotinto — ach wie werden meine Freunde meinen Namen viertheilen — Doria — ach ich habe vergessen, von ihm mit Alvarez — Ich Unglücklicher, er hat einen andern — Guter Gott, was ist der Mensch? Mögen sie mich schwarz machen wie den Teufel, wenn ich Seraphinen erhalte, bin ich Engelrein.

Drit=

Dritter Akt.

Erste Scene.

Ein kleines Theater in Alvarez Wohnung, der Vorhang ist niedergelassen. Vorn steht eine Reihe Stühle. Vor ihnen spaziert Strephon herum, eine kleine Brieftasche in der Hand.

Strephon. Das erstemal meines Lebens, daß ich so dreist bin, etwas anzurühren, das ihr gehört. Aber es muß seyn, es muß seyn, mein ganzes Leben hängt ab davon, das Schicksal hat es nicht umsonst in meine Hände fallen laßen. Sie, die sonst alles verschließt, dies im Speisesaal verloren — ha, wenn alles vorherbestimmt ist, was wir thun — er könnte mir nicht gelegener kommen, der Zufall, als in Augenblicken, die so entscheidend für mich sind (durchsucht die Brieftasche) Vom Don Prado — vom Don Prado — die hat sie noch? hm! Das beste

beste der weiblichen Herzen ist doch nicht von Eitelkeit ausgenommen — la Fare — ha! ich bin verloren, la Fare — an der Spitze aller meiner Entwürfe, meiner Laufbahn — la Fare — — wenn ich nur das Herz erst hätte, zu lesen — sollte sie es mit Fleiß haben liegen lassen, mich zu warnen — mich zu überzeugen, wie wenig sie sich aus Briefen der Art mache — ha ich will nur lesen, eh sie kommen — mag darin enthalten seyn, was da wolle (steckt die Brieftasche ein, und liest das Billet) Ich denke, da sie weiß, daß ich eben im Begrif stehe, nach Paris zu gehen, und alle unsere großen Hofnungen auszuführen, wird sie doch so grausam nicht seyn, und mich — mich — (greift sich an den Kopf) nein, nein, lesen wir nur, lesen wir nur —

„Wie Donna! der Fidalgo mit dem abstudierten bleichen Gesicht, und weiter nichts sollte mir im Wege stehen"

Weiter nichts. — —

(liest weiter)

„Hüten Sie sich, sich so ein Lächerliches zu geben. Es wäre das erstemal Ihres Lebens. Er bildt sich ein, ein außerordentlicher Mensch zu seyn. Ich schätze seine Gelehrsamkeit —

Ge=

Gelehrsamkeit? — Sie ist eine Verrätherin — „noch mehr die Dienste, die er Ihrem Herrn Bruder erwiesen haben soll. Auch soll er mir im mindesten nicht beschwerlich, so wenig als gefährlich seyn. Bleiben Sie immerhin seine Freundinn, so wie ich um Ihrent willen sein Freund seyn will. Mag er allenfalls, wenn er von seinen frostigen Beschäftigungen Athem holen will, vor den Kamin Ihrer Augen treten, und sich, wie es solchen Sylphen zukommt, mit einem Blick auf einige Monathe abspeisen, ich bin ein Franzose, Donna, das einige Wort schließt mehr in sich, als Ihnen hundert Briefe erklären könnten.

Holla! Marquis la Fare, nicht so gemeint — Ich merke — ich merke die ganze Absicht, warum sie ihn hat liegen lassen. Hier muß eingelenkt werden. Die Liebe leidet keine Theilung, mein luftiger Marquis, und wenn sie mir geraubt werden soll, müssen andere Leute als du mir sie streitig machen. — Also mich nach Paris zu entfernen, und mitlerweile ich Leben und Ehre in die Schanze schlage — — schöner Plan — sie kommen. Itzt den Komödianten gemacht, Strephon, oder den Narren auf ewig —

D				Alva-

Alvarez mit der Marquiſinn, la Fare mit Donna
Seraphina kommen, und nehmen ihre Plätze ein.
Strephon komplimentirt ſie, und entfernt ſich nach-
her. Der Vorhang wird aufgezogen. Ein
Zimmer der Ninon Lenklos erſcheint.

Zweyte Scene.

Das kleine Theater. Vorn als Zuſchauer Alvarez,
die Marquiſinn von Chateauneuf, Seraphina
und der Marquis la Fare.

Ninon tritt auf in einem reitzenden Neglige,
und ſieht einem Maler zu, der auf die Decke ihres
Zimmers die Geburt der Venus mahlt. Ninon brummt
folgendes Liedgen für ſich —

Gute Laune, Lieb und Lachen
Soll mich hier
Unaufhörlich glücklich machen,
Und die ganze Welt mit mir.
Auf dem Sammt der Roſen wiegen
Sich die Weiſen nur allein,
Liebe? iſt ſie nicht Vergnügen?
Nur die Treue macht die Pein. V. A.

Mah=

Mahler. Mademoiselle (sich die Augen wischend) ich habe die Venus mahlen wollen, und habe Sie getroffen. Glücklicher Mann, der das alles einmal sein nennen kann.

Ninon. Den Wunsch nehm' er zurück, es wäre der unglücklichste Mann auf dem Erdboden, wenn ich gewissenlos genug seyn könnte, mich einem zu ergeben. Liebe ist ein Augenblick, und nur die unbändigste Eitelkeit der Mannspersonen kann sich überreden, diesen Augenblick dauren zu machen. Ich bitt ihn, sag er doch allen Mannspersonen, daß dem nicht so ist.

Mahler. So ein schönes Herz bey so schlimmen Grundsätzen. O Mademoiselle, warum sind Sie doch keine Deutsche? denen es die Väter so oft vorsagen, daß sie ihrer los seyn möchten, daß sie beym ersten freundlichen Blick, den ein Mann ihnen zuwirft, gleich fragen: Mein Herr, werden Sie mich auch heyrathen?

Strephon tritt auf, als der junge Lenklos, unter dem Namen des Ritter von Villiers.

Ninon. Sehen Sie hier unsere künftige Stoa. Und die Göttin der Weißheit oben.

Villiers (wirft einen unbedeutenden Blick drauf). Ich höre, Ninon, Sie wollen den Marquis Riparo heyrathen.

Ninon. Wer hat Ihnen das gesagt? (zum Mahler) Laffen Sie es nur für heute so gut seyn. (Mahler geht langsam ab.)

Villiers. Es giebt viele unbeständige Dinge in der Welt, aber das unbeständigste ist ein Frauenzimmer.

Ninon. Ich bin Ihre Freundin, und als die beständig.

Villiers. Den Marquis Riparo, den kalten Narciß? Wenn Sie mich wenigstens einem jüngern feurigern Liebhaber aufopferten, aber — he, Sie haben drauf gesonnen, mich durch eine unerhörte Handlung zu einer ganz neuen Art von Verzweiflung zu treiben. Und das mit dieser Gleichgültigkeit, mit dieser heitern Miene —

Ninon (faßt ihn an die Hand). Ritter Villiers, ich bin nicht gleichgültig.

Villiers. Gehen Sie, Sie sind weder freundschaftlich noch mitleidig, was auch diese Thräne mir
weiß

weiß machen will, die Ihnen keine Mühe kostet. Soll ich Ihnen den wahren Innhalt Ihrer Miene sagen? Sie freuen sich, daß mich diese Heyrath rasend macht, Sie sind nicht bloß gleichgültig gegen mich, Sie hassen mich.

Ninon. Ja ich hasse Sie, junger Mensch, wenn Sie mir Liebe abzwingen wollen. Unbesonnener, weißt du auch, was du verlangst? hört Liebe nicht auf Liebe zu seyn, sobald sie Gefälligkeit wird, liegt nicht ihr ganzer Zauber in ihrem Eigensinn?

Villiers. Ach hätten Sie mir das das erstemal gesagt, als meine von Wollust schwimmenden Augen sich zu den Ihrigen erhoben, und Blick auf Blick unsere Seelen verschwisterte. Hätten Sie mirs gesagt, als ich zum erstenmal zitternd Ihre Hand an diese Brust legte (Seraphine unten wischt sich die Augen) und sie leise riefen: Strephon, Strephon, was will aus uns werden? (es wird ein Geräusch unten. Alvarez klatscht).

Alvarez. Ha ha ha, Strephon, du hast dich versprochen, du Ochsenkopf.

Villiers (fährt fort). Und jetzt diese Verwandlung — oder thatst du das nur, um mir deinen

Verluſt deſto empfindlicher zu machen, wenn du mich anfangs mit der ſüßeſten aller Hofnungen geſchmeichelt hätteſt? Ninon — (ihr die Hand vom Geſicht nehmend) du weinſt? — Ninon — es iſt das unnatürlichſte Schauſpiel, das ich mir je einbilden konnte — ein Weib in Thränen über einen Menſchen, den ſie zu verderben ſucht. Entehre dein Geſchlecht nicht, deſſen Zierde du ſonſt warſt. Ninon, Wohnplatz aller Freuden, aller Reitze, aller Seligkeiten in der Natur — Und kann ich dich zu Thränen bringen und nicht zum Mitleid? Lache lieber, lache über meine Verzweiflung — (Ninon eilt ab).

Villiers. Sie geht, lächelt, gleitet ſo hin über meine Quaalen, ihr Leichtſinn wirft ſo ein falſches Licht darauf. O das iſt der menſchlichen Leiden höchſtes, für einen Komödianten angeſehen zu werden, derweil wir doch fühlen, daß unſere Pein es ſo ernſtlich meynt. — Sterben — Sterben — das einzige, was mir übrig bleibt — ha ſterben, und ausgelacht zu werden — (pocht an ihr Kabinet) Ninon! Ninon! — Sie werden glauben, ich tödte mich aus Verdruß, aus Rache — nein Ninon! ich ſterbe aus Liebe. (er zieht den Degen).

Ein Bedienter öfnet die Kammerthür und giebt ihm ein Billet. Er bricht es auf, und liest. Bedienter ab.

Gehen Sie sogleich nach meinem Gartenhause in der Vorstadt des heiligen Antons. Ich werde Ihnen in einer Viertelstunde dahin folgen und Neuigkeiten von der äußersten Wichtigkeit entdecken" — Sagt eurer Frau, ich fliege — er ist fort — (küßt und drückt das Billet, und eilt ab.)

Grammont und der Marquis Riparo treten auf, Freunde der Ninon.

Riparo. Sagen Sie mir doch Grammont, was fehlt unserer Lenklos, sie ist seit einiger Zeit ungewöhnlich bleich und nachsinnend. Nicht wahr, seit ihrer Mutter Tod hat sie noch nie diese Farbe gehabt? Sollte man die Ursache nicht errathen können?

Grammont. Ihr Rosenbett muß doch auch seine Dornen haben. Das Andenken ihrer Mutter vielleicht —

Riparo. Sollte man nicht vielmehr vermuthen, daß sich ihr Herz an einen glücklichen Gegenstand zu bevestigen anfienge, und daß dieser Streit zwischen ihren Grundsätzen und Empfindungen — —

Gram-

Grammont. Und wer sollte der glückliche seyn?

Riparo (lachend). Ich weiß nicht.

Grammont. Schmeicheln Sie sich nicht, Marquis — oder beunruhigen Sie sich nicht. Sie sind der Mann nicht, Ninon schwermüthig zu machen.

Riparo (indem er eine Capriole mit den Füßen schneidet). Wenn aber eine unvermuthete eigensinnige Leidenschaft den Weg zu diesem Herzen gefunden — Es kann nicht anders seyn, auf einen langen Sonnenschein muß einmal ein Wetter folgen.

Grammont. Wenn Sie der Herr von Elbene wären, würde ich sagen, Sie hätten in einem Heldengedicht gelesen. Wie? Sie können thöricht genug seyn, sich einzubilden, daß es Ninon mit ihrer Verheyrathung an Sie ein Ernst sey? Daß Sie der Alexander seyn, der diese mit so vieler Weißheit und Entschlossenheit seit so langen Jahren bey ihr angelegten Bevestigungen gegen den Ehestand mit einem Blick über den Haufen wirft? — Marquis, haben Sie denn in Ihrem ganzen Kopf nicht so viel gesunde Vernunft, einzusehen, daß diese vorgegebene Leidenschaft für Sie nichts als ein blinder Lärmen ist, den armen Ritter Villiers zurecht zu bringen, dessen ungestüme und unheilbare Leidenschaft sie um desto mehr bedauert, je weniger sie sie zu erhören willens ist. Lassen Sie sich also nur immer zum Temperirpulver brauchen, aber bilden Sie sich nicht ein —

Riparo. Gehen Sie, gehen Sie, Sie sind nicht klug. Lassen Sie uns nur hineingehen, Sie werden sehen.

Grammont (klopft ihm lachend auf die Schulter). Guter Marquis Riparo. (beyde gehen ins Nebenzimmer.)

La Fare (unten). Sie werden mir verzeyhen, Donna, es fällt mir ein, daß ich bey einem meiner Freunde, der auf den Tod krank liegt, einen Besuch zu machen habe. (er empfielt sich, nachdem er Alvarez gleichfalls ins Ohr geflistert.)

Der dritte Vorhang wird aufgezogen. Es erscheint das Gartenhaus der Ninon. Ninon in Trauerkleidern. Villiers vor ihr auf den Knieen.

Die Marquisinn Chateauneuf (unten zu Alvarez). Jetzt wird das Gemetzel angehen, ich liebe dergleichen Scenen nicht. Wissen Sie was, es sind

D 5   hier

hier Seiltänzer angekommen, wollen wir gehen und ihnen zusehen?

Alvarez. Seraphina, willst du mitkommen, wir wollen die Seiltänzer sehen?

Seraphine. Mein Gott, lassen Sie uns doch wenigstens die Katastrophe abwarten.

Alvarez. Die Marquisinn liebt die Strophen nicht. — Weißt du was, du kannst ja mit Strephon nachkommen, wenn alles vorbey ist (führt die Marquisinn ab. Donna Seraphina bleibt sitzen. Das Schauspiel geht fort).

Minon (oben). So giebt es denn Zufälle, die alle Vorsicht der menschlichen Klugheit zu Schanden machen. (schlägt in die Hände) Unglücklicher! was hab ich nicht angewandt, Ihren verirrten Sinnen die Ruhe wieder zu schenken! So wissen Sie denn, weil sie das so außer sich selbst setzt, daß meine ganze Heyrath mit Riparo nur eine Erdichtung war. Ich kann Sie nicht lieben, ich darf Sie nicht lieben, und doch könnte ich mein Leben hergeben, Sie ruhig zu sehen (Villiers nimmt sie in seine Arme) Unsinniger! heben Sie Ihre Augen zu jener

Uhr

Uhr auf? Es sind schon fünf und sechzig Jahr, daß ich auf der Welt bin.

Villiers. Wird die Sonne alt? Wärmt sie weniger als vor tausend Jahren. O Sie! noch immer Zauberinn, heilige Beweglichkeit, unaufhörlicher Wirbel aller Reitze (will sie küssen).

Ninon. Meine Kräfte verlassen mich. Gott! mußt' ich bis zu diesem Augenblick leben?

Villiers. Vollkommenstes, reitzendstes, seligstes — (küßt sie oft und feurig).

Ninon (halb sterbend). Mäßigt euch (erholt sich und rafft sich auf) Mäßigt euch Rasender! was fängst du an (stößt ihn von sich) Ungeheuer! deine Mutter — —

Villiers. Was ist Ihnen?

Ninon. Ich bin deine Mutter.

Villiers (stürzt hin, sie sinkt neben ihn).

Ninon. Was für ein Herz muß ich dir gegeben haben, daß es dir an diesem Orte nichts sagte. Ja, unnatürlicher Sohn, erkenne das Haus, wo ich dich zur Welt brachte — der Fluch meiner Mutter trift mich

mich itzt — Wenn ich nicht fürchten müßte, daß die Leidenschaft eines Bastards Gott und Natur aus den Augen setzen könnte — ach die einzige Wonne meines Lebens, dich an dieses Mutterherz zu pressen — sie ist mir versagt.—

Villiers (nachdem er sie mit wilden und wüthenden Blicken angesehen, zieht jähling den Dolch hervor, und ersticht sich).

Seraphine (von unten winkt mit dem Schnupftuch. Der Vorhang fällt zu. Strephon kommt noch in der Kleidung des Ritter Villiers herab zu Seraphinen).

Seraphine (da sie ihn sieht). Ach Strephon! wie gehen Sie um mit mir?

Strephon (vor den Stühlen knieend). Donna! es war nothwendig — meine theuerste Donna — Wenn ich Sie beleidigt — wenn ich Sie durch diese Vorstellungen auch nur zu sehr beunruhigt habe — denn auch das ist Beleidigung — sprechen Sie, sprechen Sie das Todesurtheil aus über mir. Ich bin bereit, es zu vollziehen — Sie werden mich glücklich machen.

Sera‑

Seraphine. Setzen Sie sich — setzen Sie sich — — (Strephon setzt sich auf der Reihe Stühle, die vor ihr stehen, neben ihr.) Sagen Sie mir, Sie, der Sie so scharfsinnig die Herzen zu errathen wissen (sie sieht ihn lange an, und schweigt) was sind Ihre Absichten mit mir?

Strephon (seinen Mund auf ihre Hand drückend, die sie auf die Lehne des Stuhls gelegt hatte). O wie kann ich reden — bey diesem Uebermaß von Glück — Aber Donna! Gottheit! wieder die zu murren ich mich nie unterstehen werde — eh ich Ihnen meine Plane, um Sie zu erhalten, entdecke. — (zieht einen Brief heraus) kennen Sie diesen Brief?

Seraphine. Der Brief des La Fare? — (nimmt ihn ihm gelassen aus der Hand) und der setzt Sie so außer sich?

Strephon (äußerst unruhig). Wundert Sie das? —

Seraphine. Ich wuste kein ander Mittel, unser beyder Wünsche zu befördern, als meine Verheyrathung mit ihm.

Stre-

Strephon. O daß Sie das Wort nie gesagt hätten! Ein tödtender Donnerschlag aus einem heitern Himmel wäre mir angenehmer gewesen. Wozu wollen Sie mich machen? zu einem Petrarchischen Sylphen, der in ewigen Elegieen seufzend um Sie herumgeht? Glauben Sie, daß die Wünsche, die in dieser Brust toben, so schaal, so schwach und so ohnmächtig sind, sich damit zu befriedigen? Ich muß Sie besitzen, Donna — oder nicht leben.

Seraphine. Und was für Mittel haben Sie? lassen Sie doch hören. Sie wollen nach Paris gehn, Geschäfte zu übernehmen, die Sie bald zu einem Rang heben werden, der meinem Bruder den letzten Vorwand benehmen soll, unsere Verbindung zu hindern. Haben Sie das auch recht überdacht? Ist etwa in Paris ein Mangel an großen Leuten, sowol in Ansehung der Talente, als was Ihnen noch fehlt, Strephon — der Erfahrungen? Wie wollen sie sich durch diese weg machen, lieber Strephon, diesen vordrängen? Sie sind keiner von den jungen Aufgeblasenen, die sich in der ganzen Welt als den Mittelpunkt sehen, und glauben, daß die ganze Welt auch so sehen werde. Bedenken Sie, was dazu gehört, an einem Hofe, wie der Französische, nur be=

bemerkt zu werden, geschweige sich emporzuarbeiten, sich unentbehrlich zu machen —

Strephon (in tiefen Gedanken, mit einem unterdrückten Seufzer). Ach —

Seraphine. Sie könnten grau darüber werden. Auch haben wir dort keine Freunde, keine Unterstützungen, keinen Zusammenhang, weit weniger könnten wir ihnen welche verschaffen — Wo also da Ausweg für uns, lieber Strephon, für unsere Wünsche? — Und glauben Sie, ein Frauenzimmer könne unterdrückte Wünsche so ruhig nähren, derweile Sie die Erlaubniß haben, sie ausbrechen, sie wüthen und toben zu lassen? O ihr Mannspersonen, wie wenig besitzt ihr das Geheimniß, in einer weiblichen Seele zu lesen!

Strephon (in die Höhe sehend). Unbarmherziger Himmel! (nach einer Pause) Aber was hindert uns Donna! das, was das neidische Schicksal uns versagt, uns selber zuzueignen? (fällt auf die Knie) Ich weiß, ich bin ein Verbrecher, indem ich dieses sage, aber der Himmel läßt mir keinen andern Ausweg übrig. Ach hinter dem süßen Schleyer des Geheimnisses würden alle unsere Freuden, wenn

es

es möglich wäre, noch einen höheren Reitz gewinnen, und es hat etwas Erhebendes für die Seele, Gott allein zum Zeugen einer Verbindung zu nehmen, die so ewig als er selber ist —

Seraphine. Strephon, hören Sie alles. Ich hätte mich mit Don Prado verheyrathet, wenn er nicht ein Mann gewesen wäre, von dem Sie alles zu befürchten gehabt hätten. Zu betrügen war er nicht, er wollte mein Herz, nicht meine Person, er hätte dieses Herz erworben, er hätt' es Ihnen entzogen. La Fare ist ein Franzose, la Fare ist einer der bequemen Ehemänner, denen man nichts raubt, wenn man ihnen das Herz entzieht, die mit Höflichkeit zufrieden unsere Liebe nicht vermissen. — Sie staunen Strephon! sehen Sie denn nicht, daß der Mann ausgebraust hat, ausgelebt hat? — und damit Sie den Schlüssel zu all meinen Entwürfen — zu unserer ganzen künftigen Glückseligkeit haben — (sie steht auf) La Fare ist arm. — Ich erkaufe unserer Liebe einen Beschützer (geht schleunig ab).

Strephon (allein). Wo bin ich? — Sie gieng, ihre Verwirrung, ihre Röthe, ihre Thränen zu verbergen — Und ich — wie glücklich — wie schrecklich die Aussicht! La Fare sie in seine Arme schlie=

schließen — der Leichnam — Nimmermehr. Gott! so viel Liebe — und ich hier, staunend, ohnmächtig, zerrissen von Dankbarkeit, Verzweiflung und Freude — sie arbeitet darauf, mich wenigstens zur Hälfte glücklich zu machen — und ich so unthätig — ha Strephon — sie ꝛc. sie muß ganz dein seyn — oder du bist ihrer nicht werth — nicht werth auf einem Erdboden zu stehen, den sie betrat. Wie? du ein Mann? — und dich so von einem Frauenzimmer übertroffen zu sehen? von einem Frauenzimmer, das an Jahren unter dir ist? Was hast du gethan für sie? — der Gedanke tödtet mich. — Diesen Engel mit einem la Fare zu theilen — zu sehn, wie seine Liebkosungen sie entweyhen — wohl gar unsere schüchterne Liebe unter seiner Herrschaft — wenn er seinen Zweck erreicht hat — unter seiner Tyranney zu sehen. Welch ein Licht geht mir auf! Welch ein Abgrund eröfnet sich mir? Zuzärtliche Seraphine! wohinein wolltest du dich stürzen? Nein, nein, ich habe noch Mittel, Alvarez hat Freunde, hat Unterstützungen, hat Zusammenhang in Buenretiro. Alvarez muß nach Spanien zurück, Seraphine muß aus den Klauen des Todes gerissen werden, eh ihre unglückliche

E Lei-

Leidenschaft für mich — für einen Nichtswürdigen sie dahinreißt — sie muß, sie muß — und sollte ich sie verlieren — eh Seraphine unglücklich wird, muß die ganze Natur sich aufmachen, sie an dem Bösewicht zu rächen, der die Ursache davon ist.

Vierter Akt.

Erſte Scene.

In Cadiz. Alvarez Wohnung. Strephon ſitzt an einem Tiſch und ſchreibt. Auf einmal ſpringt er auf und geht herum.

Was für Wonnegenuß zerſtöhrte ich mir! — — Mags! man muß aufopfern, um mehr zu gewinnen, um alles — ha wie erkältend, wie erkältend die Angſt über mir ſchwebt, vielleicht alles — zu verlieren. Ha, wenn ein großer Mann ſich durch dergleichen Beſorgniſſe abhalten ließe, den entſcheidenden Schlag zu wagen — und ich muß Seraphinen verdienen, oder auf alles Verzicht thun. Ihrer unwürdig — ich kann den Gedanken nicht aushalten. Liebe iſt nur unter Gleichen, unterſchied ſie die Geburt von mir, ſo muß mich mein Herz zu ihr erheben.

Zweyte Scene.
Seraphine tritt herein.

Seraphine. Ich komme, Ihnen Glück zu wünschen, Strephon! Sie triumfiren. Sie haben ein Meisterstück gemacht, genießen Sie jetzt mit aller Selbstzufriedenheit, die Ihnen möglich ist, die Früchte desselbigen.

Strephon. Dieser Ton, Donna? —

Seraphine. Kann Ihnen nicht unerwartet seyn. Wie gesagt, Ihr Anschlag ist gelungen, alles, was darauf erfolgen kann, müssen Sie vorausgesehen haben, genießen Sie jetzt der einzigen Belohnung aller großen Anschläge, des schmeichelhaften Beyfalls Ihres eigenen Herzens.

Strephon. Vorwürfe? —

Seraphine (setzt sich). Nein Strephon! dazu bin ich itzt zu kalt geworden. Auch seh ich die ganze Triebfeder Ihrer unverbesserlichen Politick, denn zum Staatsmann sind Sie einmal geboren. Sie waren zu stolz, mich mir zu danken zu haben, Sie wollten mich Ihnen, Ihren eigenen Heldenthaten verdanken, Sie spannen, trieben, arbeiteten bey meinem Bruder dahin, daß er seine Hochzeit mit der Marquisinn hier

hier in Cadiz vollziehen sollte, um mich an Ihrem Triumfwagen mit nach Cadiz zu schleppen; ein wunderbarer Staatsstreich? Und wir hier, Herr Strephon! hier, wo jedermann Sie kennt, mit Fingern auf Sie weist — oder bilden Sie sich ein, daß, wenn Sie sich ein höheres Maaß von Talenten vor einigen Ihrer hiesigen Freunde fühlen, Sie eben darum auch so hoch in der Meynung der Welt über sie herausgerückt sind? Bilden Sie sich ein, daß der Hof urtheilen werde, wie Ihre Freunde? und Ihnen den Vorzug eines großen Mannes mit eben so vieler Unterwerfung einräumen, als sie thun? Sie haben meinem Bruder gesagt, daß Sie nach Buenretiro gehen wollten. Sie haben ihn um Geld angesprochen, bilden Sie sich ein, daß der Herzog von Aranda zu regieren sey wie mein Bruder? Daß Sie einem ganzen Hofe vielleicht mit einer Komödie die Köpfe umdrehen wollen?

Strephon. O Donna, der Spott —

Seraphine. Sie haben mir weit weher gethan. Alles, alles zernichtet, was Liebe und Schwärmerey für Sie unternehmen konnte, und mich, die ich für Sie weiter gieng, als je eine meines Geschlechts für den erkänntlichsten Liebhaber gethan haben würde.

Strephon (stürzt hin vor ihr).

Seraphine. Stehen Sie auf — diese Schauspielerstellungen kommen itzt zu spät. Auch ich bin entschlossen — so fest entschlossen, als eine Sterbliche seyn kann — weil Sie allen meinen Wünschen entgegengearbeitet, weil kein ander Mittel zu ergreifen ist — lesen Sie diesen Brief (legt einen Brief auf den Tisch.) Er ist von Don Prado — — (Strephon nimmt den Brief stumm) Strephon — (sie fällt ihm schluchsend um den Hals: dann plötzlich sich loßreissend) Sie haben mich auf ewig verloren. (ab.)

Strephon (fällt hin auf einen Stuhl und bleibt eine lange Weile sitzen, ohne sich zu bewegen. Endlich öfnet er das Papier und scheint drin zu lesen, läßt aber bald die Hände auf den Schooß sinken, und sagt mit gebrochener Stimme). Auf ewig — (er fällt in Ohnmacht.)

Dritte Scene.

Zwey Bediente.

Ein Bedienter aus dem Hause. Komm er nur herein, komm er nur hier herein, die Herrschaften sind

sind alle zum Don Prado auf die Assemblee gefahren, wir sind hier allein.

Strephon (der sich erholt). Don Prado? — Wo war ich? — — (zum Bedienten) Wo ist Don Prado?

Bedienter. Nichts, gnädiger Herr — verzeyh Er, daß wir hereingekommen sind; wir dachten, er wär' auch auf die Assemblee gefahren — bitten sehr um Verzeyhung. (gehn heraus.)

Strephon (nimmt den Brief von Don Prado aus seinem Schooß auf, und liest ihn stillschweigend. Am Ende wird er laut). Den unbekannten Freund möchte ich kennen, der wie mein Schutzengel für mich gesorgt haben soll" — für dich? — Da ist der große Mann, den ihr aus mir gemacht habt, meine Freunde — ein Kuppler — (nach langem Nachdenken) der Mensch ist so geneigt, sich selber zu betrügen, hat er Verstand genug, sich vor seiner Eigenliebe zu verwahren, so kommen tausend andere, und vereinigen ihre Kräfte, seine entschlafene Eigenliebe zu wecken, um den Selbstbetrug unerhört zu machen. — Also ein Philosoph? — Und nichts weiter? — Und diese Sentenz, die ich gelernt habe, der Preiß aller meiner Bemühungen? — Seraphine! wie

wie gehst du um mit mir? — Es ist zu viel: ich bin
es satt. (steht auf.) Lahm — lahm nun alle Triebfedern, die mich zum Leben spornten. Was soll ich
denn hier länger? (sucht nach seinem Degen) Das ist
die kälteste Ueberzeugung, die ein Mensch haben
kann, daß sein Tod von höheren Mächten beschlossen
sey.

Vierte Scene.

Don Prado tritt herein.

Don Prado. Ich komme, Sie tausendmal an
mein Herz zu drücken, bester unter allen Freunden,
den mir jemals die Vorsicht gab. Sie schenken mir
Seraphinen wieder, die ich schon auf ewig verloren
glaubte, edler Mann, edelster unter allen Menschen.
(umarmt und küßt ihn) Glauben Sie nicht, daß
Sie meinem Dank entgehen wollen, einen Wohlthäter, wie Sie, würde ich aufgesucht haben, so
weit menschliche Kräfte reichen. Sie sollen bey mir
bleiben, Sie sollen Haus und Haabe und unser beyder Herz theilen, fürtreflicher junger Mann.

Strephon (fängt an zu weinen).

Don Prado. O ich fühle sie, ich fühle sie, die Belohnung eines Herzens, wie das Ihrige, in Thränen wie die sind, Thränen über das Glück eines andern. (umarmt ihn nochmals) Mein vollkommenster Freund.

Strephon. Ich habe nichts für Sie gethan. Die Güte Ihres eignen Herzens wirft einen falschen Schein der Großmuth auf das meinige.

Don Prado. Nichts für mich gethan? — Diese Bescheidenheit wird Lästerung — In Seraphinens Herz die Abneigung gegen den Ehestand, die sie allein zu dem Schritt gegen mich vermochte, durch das Beyspiel der Ninon mit einemmal nach sieben Jahren herausgewurzelt, einen Liebhaber, mit allen Künsten französischer Galanterie gewafnet, ihr lächerlich gemacht, ihren Bruder und sie wieder in meine Arme geführt, sie so gar beredet, zu unserer Wiederaussöhnung und Wiedervereinigung den ersten Schritt zu thun —

Strephon (sich an einen Stuhl haltend, im Begrif umzufallen). Das ist zu viel —

Don Prado. Freylich zu viel für alle meine Erkenntlichkeit. Wenn ich irgend ein seltenes, ein über die gewöhnlichen Wünsche der Sterblichen hinausreichendes Gut hätte, Ihnen zur Belohnung anzubieten. Eine Seraphine müßte ich haben, die Ihnen so theuer wäre, wie mir die meinige.

Strephon (fährt auf). Was sagten Sie? — (faßt sich) Mein Herr, Ihre Trunkenheit der Freude leyht meinen Handlungen ein Licht, das ihnen nicht gehört. Wenn Sie wüßten, wie sehr ein nicht verdientes Lob erniedrigt, demüthigt, zerknirscht —

Don Prado. Kommen Sie mit mir, Sie sollen Zeuge von meiner und Alvarez Freude seyn, von der wir beyde Sie als die vornehmste Triebfeder ansehn. Wir halten heute Abend unsere doppelte Hochzeit, Sie sollen uns in die Kirche, zum Altar begleiten, und Ihre Fürbitte wie die Fürbitte eines Heiligen alle Freuden des Himmels auf unsere beyderseitige Verbindung herabziehn. (führt Strephon mit einigem Widerstande ab.)

Strephon (bey Seite). O unerforschlicher Himmel! Nur daß ich ihnen nicht fluchen darf — — (ab.)

Fünfter Akt.

Erste Scene.

Mezzotintos Zimmer in Don Prados Hause, mit einem Alkov. Mezzotinto und Strephon hochzeitlich geputzt, in der Morgenstunde nach Hause kommend.

Mezzotinto. Ihr seyd ja so still, so in euch gekehrt? Auf der ganzen Hochzeit seyd ihr ja fast stumm gewesen. Was ist euch Strephon, was habt ihr?

Strephon. Nichts.

Mezzotinto. Ihr habt Prados ganzes Herz, das ist nicht wenig. Und könnt zuversichtlich einmal auf eine Beförderung bey Hofe rechnen, der Mann hat mehr Einfluß, als ihr wohl glaubt (sich den Rock ausziehend) Nun zieht euch aus, schwatzen wir

wir noch mit einander, ich kann doch so bald nicht einschlafen.

Strephon. Legt euch schlafen, Mezzotinto, ich werde in Kleidern bleiben.

Mezzotinto. Was? seht ihr mich denn nicht an, wenn ihr mit mir sprecht? Der Herr ist grausam abwesend, (scherzend) er wird doch wohl nicht gar noch Grillen in Ansehung der Donna Seraphina? he he he —

Strephon. Ich will nur noch einen Brief schreiben, Mezzotinto, und da werdt ihr mir ein wahres Vergnügen machen, wenn ihr euch zu Bette legt, daß ich ungestöhrt bin.

Mezzotinto (der fortgefahren sich auszukleiden, tritt hinter den Alkov). Ihr seyd ja doch sonst immer ein Philosoph gewesen —

Strephon. Seyd ohne Sorgen!

Mezzotinto. Da ist Dinte und Papier in meinem Schreibepult — Gute Nacht denn. (hinter der Scene rufend.)

Strephon. Gute Nacht.

Stre=

Strephon (allein). So ist es denn bis dahin gekommen. In diesem Augenblick umfaßt er sie, genießt all der unaussprechlichen Reitze, die mein waren, die ich aus — Philosophie in Besitz zu nehmen versäumte. Und ich mußte bis zu diesem Augenblick leben, und Schritt vor Schritt ihn zu seiner grausamen Eroberung begleiten. Gut, so muß ich auch Zeuge von dem letzten seyn, um seinen Triumf und meine Verzweiflung vollkommen zu machen. (steht auf und geht zu Mezzotintens Kleiderschrank, wo er aus einer Schublade den Pulverbeutel hervorlangt.) Ich will ihm die Hochzeit einschießen. (Er nimmt eine Pistole von der Wand und ladt.) Philosoph — welch ein Schimpf in meinen letzten Augenblicken! Ein Mensch, der allen Rechten der Menschheit entsagt, um sich bey andern in ein thörichtes Ansehen zu setzen. So einer war ich freylich, Mezzotinto, wie jeder Mensch gern das wird, wofür andere ihn halten. Seraphine hat meine Eitelkeit zuerst überwunden, und mich überzeugt, daß ein bloßer Beobachter nur ein halber Mensch sey. Ihr, ihrem Glück, ihrer Ehre soll er aufgeopfert werden, dieser halbe Mensch, dessen Tod seine erste schöne Handlung ist. (Er setzt die Pistole an die Stirn) Ha, diese Hand soll nicht zittern, dieser

Fuß

Fuß nicht wanken, keinen unzufriednen Laut will ich von mir geben, um ihre Hochzeitsfreude festlich zu machen. — Vorher aber muß ich sie noch einmal sehen, in den Armen ihres Bulers, vielleicht vom lüsternen Monde beguckt. Ich will die Miene sehen, mit der sie eingeschlafen ist, ob in derselben keine Spur von Mitleid mit ihrem Strephon zu entdecken ist, damit ich getröstet sterben kann. Wenn er sollte zugeriegelt haben — so wird immer ein Fenster zu ersteigen seyn. Ich komme nicht, dich in deinem Glück zu stöhren, liebenswürdiger, gefährlicher Prado, ich komme, dir die letzte Hinderniß desselben auf ewig aus dem Wege zu räumen. Dieser Tod ist des wahren Philosophen würdig, dieser Tod ist die erste gute Handlung meines Lebens (geht mit wankenden Schritten heraus).

Zweyte Scene.

Das Brautgemach in Don Prados Hause. Das Brautbett aufgeputzt. Auf einem Winkeltisch eine halb ausgebrannte Wachskerze. Seraphine sitzt

an

an demselbigen auf einem Stuhl, die Hand auf den Tisch gestützt, mit der sie die Augen bedeckt, in einem reitzenden Negligee. Graf Prado im Schlafrock steht vor ihr.

Prado. Nun, meine Seraphine (Er versucht Ihr ins Gesicht zu sehen: sie, ohne aus ihrer Stellung zu kommen, wirft ihm den linken Arm auf den Nacken).

Prado (liebreich). Was bedeutet dies? Ist der letzte Augenblick der Freyheit so schmerzhaft? — Noch ists Zeit Seraphine! ich will Ihr Unglück nicht. (indem er seinen Mund an ihren Elenbogen drückt) Noch sind Sie Meister Ihrer Entschließungen. Sprechen Sie mein Urtheil, und ich werde mich über nichts beklagen.

Seraphine (immer wie vorher). Gott! —

Prado. Ach hab ich so wenig Zutrauen bey Ihnen? Kennen Sie mich noch nicht? Zweifeln Sie noch, daß ich Sie um Ihr selbst willen liebe, daß ich Sie mehr liebe als mich, mehr als Ihren Besitz selbst? — —

Sera.

Seraphine (sieht auf). Prado — es giebt Augenblicke, in denen man sich selber haßt. (wieder ihr Gesicht in ihre Hand versteckend) und das sind die unerträglichsten Augenblicke unsers Lebens — —

Prado (nimmt einen Stuhl und setzt sich zu ihr, sehr aufmerksam sie ansehend). Wie verstehen Sie das?

Seraphine (steht verwildert auf). Es muß, es muß — (vor ihm niederknieend, ihr Gesicht auf seinen Schooß) vollkommenster Mann! können Sie mir verzeyhen?

Prado (außer sich). Seraphine! —

Seraphine. Ich schätze Sie zu hoch, als daß ich Sie hintergehen kann. Ich habe mich selbst hintergangen, ich habe geglaubt, wenn ich Ihnen die liebsten Wünsche meines Herzens aufopferte, würde die Gewalt, die ich mir anthat, und die Marter, die es mich kostete, mich Reitze in Ihrer Verbindung finden lassen, die mein halsstarriges Herz sonst nicht drinne fand. Aber, dieser entscheidende feyerliche Augenblick leidet keinen Zwang, keine Verstellung
mehr,

mehr, es ist umsonst, Tugend und Pflicht sind nicht Liebe, Prado, und Sie wollen mein Herz — Sie verdienen eine Frau, die Sie liebt — und ich kann Sie nicht lieben.

Prado (auf den Tisch fallend). Nicht lieben? —

Seraphine. Ich habe mich selbst überredet, ich könnte es — aber wie kann ich, wie kann ich Sie mit einer nachgemachten Leidenschaft hintergehen — Ein anderer hat mein Herz, Prado — tödten Sie mich, wenn das Sie beleidigt.

Prado (springt auf). Ein anderer — Wo ist der Glückliche, daß ich ihm die Nachricht bringe — daß ich ihm alles abtrete, um Sie wieder lächeln zu sehen? —

Seraphine (noch immer auf den Knieen). Diese Großmuth ist vergebens — wenn Sie mich damit zu gewinnen hoffen. Nein Prado! Sie sind zu hoch über mir, als daß ich Sie lieben kann, ich könnte vor Ihnen Zeitlebens auf den Knieen lie-

liegen, aber nimmer in Ihre Arme, an Ihren Busen fliegen anders, als mit dem Gefühl einer Tochter.

Prado. Nein, Donna, Sie irren sich, meine Großmuth ist keine Verstellung, kein Kunstgrif, etwas von ihnen damit zu gewinnen — ich entsage allem, allem, und Gott nehme ich zum Zeugen, daß ich Sie glücklich sehen will. Ich kenne kein Glück, unter dem Sie leiden sollen, ich verabscheue dieses Glück, wenn es Sie einen Seufzer, einen grämlichen Gedanken kosten könnte.

Seraphine (mit dem Gesicht auf die Erde). O mein Schutzengel — (in flehender Stellung mit gerungenen Händen) So höre denn alles, alles, und ahme der Gottheit nach, die mit Schonungen in den geheimsten Gedanken der Sterblichen liest. Seit sieben Jahren liebe ich ihn.

Prado. Wen? Seraphine!

Seraphine. Ihn, den mein letzter Athem noch nennen wird. Seit er meines Bruders Ver-
trau-

trauter wurde, seit ich sah, mit welcher Geduld er alle seine wunderlichen Launen und üblen Bewegungen verschmerzte, ohne sich jemals nur mit einem Laut, nur mit einer finstern Miene, nur mit einem Gedanken darüber zu beklagen. Ach Prado, er hat mehr gelitten, als du leidst, er hatte mir alles aufgeopfert — und nun verlor er auch mich — Es muß ihn das Leben kosten — ich sehe ihn immer noch vor mir, wie er gegen mich über stand, als ich am Altare dir den Meineyd meiner ewigen Treue schwur — wie sein starrer verwilderter Blick auf dem Boden ruhte, wo ich stand, und sich da sein Grab ausersah. Er stirbt, Prado, und ich habe ihn ganz umgebracht —

Prado (richtet sie auf). Nein, er soll nicht sterben, Seraphine — Nenne mir ihn, und wenn noch ein Mittel ist euch zu vereinigen — —

Seraphine (fällt an seine Brust). Ach, daß ich so viel Großmuth nicht lieben kann! Prado! wenn du uns vereinigst — ich bin eine Unglückliche, die ihres Herzens nicht mehr mächtig ist — aber das Heiligthum meines Herzens soll dir bleiben — in meinen süßesten Augenblicken der Erkenntlichkeit, der Bewunderung, der Begeisterung, für alles, was groß ist, will ich dich nennen, und er soll deinen Namen von meinen stammelnden Lippen küssen — —

Prado (ungeduldig und heftig). Wer ist es, Seraphine, wer ist es?

Seraphine. Einer, dem du alles zu danken hattest, und der dir wieder alles zu danken haben soll.

Prado. Strephon?

Seraphine. So sey es denn Strephon!

Prado. O mit diesem Kuß empfange die letzte aller meiner Anfoderungen auf dich. Die Flamme, die für dich in diesem Herzen brennt, ist viel zu rein, als daß ihr ältere Verbindungen, die du getroffen hast, nicht heilig seyn sollten. Strephon sey dein, weil du ihn zuerst gewählt hast, und wenn dein Bruder sich dieser Heyrath widersetzen sollte, weil

der

der Himmel so viele Ungleichheit zwischen eure Geburt gelegt hat —

Seraphine. Eben dieses, wenn —

Prado. O er that es nur, um mir Gelegenheit zu geben, euch nützlich zu seyn. Liebt mich meine Freunde, ihr müßt mich lieben, ich zwinge euch dazu, ich bin das Werkzeug des Himmels zu eurem Glück — (mit einer Art der Entzückung).

Seraphine (äußerst gerührt nach ihm heraufblickend). Prado!

Prado. Ich will den Namen eurer Heyrath tragen.

Seraphine (fällt auf ihr Angesicht). O mehr als ein Mensch!

Letzte Scene.

Strephon öfnet das Fenster und steigt, ohne sie gewahr zu werden, herein, eine Pistole in der Hand.

Strephon (der sich umsieht). Ha noch Licht — (indem er sie gewahr wird) Ein tröstender Anblick! Seraphine knieend vor dem Liebenswürdigen — Gott wie konnte sie sich sieben Jahre lang verstellen! (Seraphine und Prado fahren erschrocken auf, als sie ihn sehen) Ich komme nicht euer Glück zu stöhren, junges Paar — ich komme, 'es vollkommen zu machen (indem er losdrücken will, fällt ihm Prado in die Arme).

Prado. Unglücklicher, was machst du? Sie ist dein ——

Seraphine (vor ihm niederknieend). Um unserer Liebe willen, Strephon! leben Sie für mich!

Strephon. Für Sie? —

Seraphine (nimmt seine Hand, aus der Prado die Pistole gewunden). Für mich, für mich — diese Hand war es, der ich heut am Altar ewige Treue schwur. Prado war nur dein Abgeordneter.

Strephon. So sucht man einen, der im hitzigen Fieber liegt, zurechtzubringen.

Prado. Nein, kennen Sie Ihr Glück ganz, redlicher Strephon. Ich bin zu stolz, Ihnen ein Herz zu entziehen, das Ihnen mit so vielem Recht gehört. Vielmehr will ich dem Wink des Himmels folgen, der mich zum Mittel hat brauchen wollen, zwey so standhafte Herzen auf ewig mit einander zu vereinigen. Sie heyrathen Seraphinen in meinem Namen, und ich will Ihr beyderseitiger Beschützer seyn. Die Wollust einer großen That wiegt die Wollust eines großen Genusses auf, und es wird noch die Frage seyn, wer von uns am meisten zu beneiden ist. Kommen Sie in den Garten, der morgen bricht an, er soll unsere gemeinschaftlichen Freudenthränen sehen, und derweile Sie beyde, Hand an Hand, die letzten Töne der einschlafenden Nachtigall genießen, will ich Ihnen den Plan unserer künftigen Lebensart erzehlen, der unter uns dreyen ein ewiges Geheimniß bleiben soll.

Stre-

Strephon (faßt ihn an die Hand und sieht ihm fest in die Augen). So ist es denn möglich, Prado? —

Prado (umarmt ihn schluchsend, ohne ein Wort zu antworten).

Strephon (windet sich los aus seinen Armen: indem er ihm die Kniee umschlingt). O welche Wollust ist es, einen Menschen anzubethen!